Μικρές Ιστορίες
σε Απλά Ελληνικά

Η Νίκη
και οι άλλοι

Νένη Κολέθρα

I Niki ke i alli

εκδόσεις δέλτος

Τίτλος: Η Νίκη και οι άλλοι
Συγγραφέας: Νένη Κολέθρα
© Copyright Ε. Αρβανιτάκη και Σία Ο.Ε.
ISBN 978-960-7914-25-5
Πρώτη έκδοση: Μάιος 2005
3η Ανατύπωση: Μάιος 2013

Επιμέλεια έκδοσης: Φρόσω Αρβανιτάκη
Εξώφυλλο: Κλεάνθης Αρβανιτάκης
Σκίτσα: Μαρία Θειοπούλου
Σελιδοποίηση: Ελένη Σγόντζου
Εκτύπωση και βιβλιοδεσία: Φωτόλιο-Typicon Α.Ε.

Εκδόσεις Δέλτος, Πλαστήρα 69, 17121 Νέα Σμύρνη, Ελλάς
Deltos Publishing, 69 Plastira St., 17121 Nea Smyrni, Athens, GR
tel: +30210 9322393   fax: +30210 9337082
www.deltos.gr   info@deltos.gr

Στο αεροδρόμιο

«Συγνώμη, δε βρίσκω τη βαλίτσα μου.»

«Από πού έρχεστε, δεσποινίς;»

«Από τη Στοκχόλμη πετάξαμε για Άμστερνταμ, κι από το Άμστερνταμ ήρθαμε στην Αθήνα.»

«Με ποια εταιρεία;»

«Με την Easy Air.»

«Πού θα είστε τις επόμενες δυο τρεις μέρες;»

«Στην Αθήνα.»

«Γράψτε εδώ τα **στοιχεία** σας, τη διεύθυνσή σας στην Αθήνα κι ένα τηλέφωνο, και μόλις τη βρούμε, θα σας **ειδοποιήσουμε**.»

«Μα, κύριε, δεν έχω ρούχα, πέδιλα. Τι θα κάνω; Θα είμαι με τα μποτάκια μου, μ' αυτή τη ζέστη;»

«Λίγη υπομονή, δεσποινίς... Πάνου. Δε βλέπετε; Δεν είστε μόνο εσείς. Είναι κι άλλοι σαν κι εσάς. Με τόσες πτήσεις αυτή την εποχή, δυστυχώς συμβαίνουν αυτά...»

Και τώρα τι κάνω; Παίρνω το λεωφορείο και πηγαίνω στην Αθήνα... χωρίς τίποτα.

*Μόλις φτάσω, πρέπει ν' αγοράσω μια μπλούζα, μια φού-στα, **εσώρουχα**, πέδιλα και... Όχι, δεν μπορώ. Δεν έχω τόσα λεφτά για ψώνια. Βέβαια, μπορώ να τηλεφωνήσω να μου στείλουν χρήματα. Όμως όχι. Είπα ότι θα τα κατα-*

τα στοιχεία οι πληρο-φορίες που γράφει η αστυνομική ταυτότητα
ειδοποιώ πληροφορώ κάποιον για κάτι

τα εσώρουχα τα ρούχα που φοράμε κάτω από τα ρούχα που χρησιμοποιούμε στη δουλειά ή στον δρόμο (π.χ. το φανελάκι, το σουτιέν κτλ.)

*φέρω μόνη μου, και θα το κάνω. Άλλωστε **θ' ανησυχήσουν** χωρίς λόγο, και δεν το θέλω.*

Δεν είναι εδώ κι η Νίκη. Έφυγε στο νησί. Ευτυχώς, μου άφησε το διαμέρισμά της. Φυσικά, ούτε στη θεία Πίτσα θέλω να τηλεφωνήσω. Η θεία θα θέλει να πάω στο σπίτι της, κι εγώ θέλω να είμαι μόνη μου αυτό τον καιρό. Τόση προσπάθεια έκανα να πείσω τη μαμά και τον μπαμπά.

Δε θα πω, λοιπόν, σε κανένα τίποτα. Καλύτερα ελεύθερη και με... μποτάκια. Αλλιώς, θα είμαι με τη θεία Πίτσα, και θα θέλει να πηγαίνουμε παντού μαζί. Άπαπα! Και μόνο που το σκέφτομαι... Θυμάμαι πέρσι τι πέρασα, μέχρι να έρθει η μαμά και να ησυχάσω! Ούτε όταν ήμουν μικρό παιδί. Η θεία Πίτσα ζει ακόμα στην εποχή που ήταν εκείνη νέα, πριν σαράντα χρόνια δηλαδή. Αυτά παθαίνεις, όταν μένεις μόνος σου και δεν κάνεις παιδιά. Ζεις τη ζωή από την τηλεόραση και τα μυθιστορήματα. Δε λέω, καλή είναι η καημένη η θεία, αλλά... Πάντως μαγειρεύει πολύ ωραία. Εκείνες οι πίτες της είναι τέλειες. Και μόνο που τις σκέφτηκα, πείνασα. Τώρα, υπομονή. Σε δυο τρεις μέρες η βαλίτσα μου θα είναι εδώ, ελπίζω.

Μμμ. Γρήγορα φτάσαμε. Πάλι καλά, δεν είχε κίνηση αυτή τη φορά. Είναι και οι καινούργιοι δρόμοι. Βρε πώς άλλαξε η Αθήνα! Σα να έγινε καινούργια! Την άλλη φορά είχε παντού έργα.

ανησυχώ   φοβάμαι ότι κάτι δε θα πάει καλά

*Και τώρα, δρόμο για το σπίτι. Με τα πόδια, φυσικά. Βαλίτσα δεν έχω και τα λεφτά του ταξί θα πάνε για καλτσάκια κι ένα **βρακάκι**, για ν' αλλάξω μετά από το ντους που θα κάνω φτάνοντας. Ποπό, ζέστη, αν και είναι μόνο αρχές Ιουνίου!*

Στην ταβέρνα

«Νίκο, τον λογαριασμό, σε παρακαλώ.»
«Τελειώσατε; Αυτά να τα πάρω;»
«Ναι. Μπορείς να τα πάρεις όλα.»
«Να φέρω φρουτάκι; Έχουμε πεπόνι και καρπούζι.»
«Ε, φέρε λίγο κι απ' τα δύο.»

*Επιτέλους έφυγαν και οι τελευταίοι πελάτες. Η ώρα είναι τεσσερισήμισι το απόγευμα. Ώρα να φάω κι εγώ. Τι να πάρω; Με τόση δουλειά και τόσες **μυρωδιές** από την κουζίνα νομίζω ότι δε θέλω τίποτα. Τίποτα που να μυρίζει, πάντως.*
Μια μακαρονάδα με σάλτσα ντομάτα μόνο και μια σαλάτα είναι ό,τι πρέπει. Μετά, λίγο να ξεκουραστώ, λίγο να προλάβω να διαβάσω, πριν αρχίσουν να έρχονται οι πελάτες για το βράδυ.
Το Σάββατο είναι η πιο δύσκολη μέρα μου, γιατί δουλεύω και το μεσημέρι και το βράδυ, μέχρι αργά. Η δουλειά, όμως, μ' αρέσει. Ευτυχώς, υπάρχει κι ο Μανόλης. Όλοι που έρχονται από την Πάρο κι έχουν ανάγκη από δου-

---

το βρακάκι

η μυρωδιά αυτό που καταλαβαίνεις με τη μύτη σου, όταν έρχεσαι κοντά σε ένα φαγητό, σε ένα άρωμα κτλ.

λειά, ξέρουν πού θα πάνε. Θα πάνε στον Μανόλη τον Παριανό.

Ο Μανόλης είναι **ταβερνιάρης**. Έχει μια καλή ταβέρνα στο παλιό κέντρο της Αθήνας, στην οδό Αισχύλου, στου Ψυρρή. Παλιά, αυτή η **συνοικία** ήταν γεμάτη μικρά μαγαζιά, και τότε υπήρχε μόνο η ταβέρνα του Μανόλη, δηλαδή του πατέρα του. Πέρασαν όμως τα χρόνια, και η περιοχή άλλαξε. Άνοιξαν μπαρ, κλαμπ και καινούργιες ταβέρνες. Τα μικρά παλιά μαγαζιά τώρα πια σιγά σιγά κλείνουν, και το μέρος έγινε τουριστικό και της μόδας.

Η Νίκη στο σπίτι της ξαδέρφης της

*Τώρα, μάλιστα. Μετά το ντους αισθάνομαι πολύ ωραία. Ευτυχώς βρήκα και κάποια ρούχα της Νίκης που είχε στο σπίτι και μου κάνουν. Έτσι, θα έχω να φορέσω κάτι αυτές τις μέρες. Με τη Νίκη δεν έχουμε μόνο το ίδιο όνομα, αλλά μοιάζουμε αρκετά - λίγο πιο κοντή και πιο **παχουλή** εκείνη - και μας αρέσει να κάνουμε τα ίδια πράγματα. Τα ρούχα της μου είναι κάπως κοντά, αλλά δεν πειράζει. Ποιος θα με δει; Δεν υπάρχει κανείς που να με ξέρει. Μόνο τα παπούτσια της δεν μου κάνουν. Πολύ πιο μεγάλο το δικό μου το πόδι, δυστυχώς.*

ο ταβερνιάρης αυτός που έχει μια ταβέρνα
η συνοικία κομμάτι μιας πόλης με δικό του όνομα

παχουλός λίγο χοντρός

Πάντως, αυτό το διαμερισματάκι το έχω στην καρδιά μου. Ένα ίδιο θέλω να έχω κι εγώ, όταν θα μένω μόνη μου. Καλά, η Νίκη ξέρει να φτιάχνει σπίτια με το τίποτα. Φωτογράφος, βλέπεις. **Καλλιτέχνης**. Και μόνο οι φωτογραφίες της στους τοίχους φτάνουν.

Είναι και το σπίτι που βοηθάει, βέβαια. Ένα μεγάλο δωμάτιο, πολύ φωτεινό κι ευχάριστο, μια μικρή κουζίνα κι ένα μπάνιο, δε χρειάζεσαι τίποτε άλλο. Τον περισσότερο καιρό τον περνάει στη βεράντα της. Η ταρατσούλα, που είναι και βεράντα, με την **τέντα** για σκιά, τα λουλούδια και τη θέα, είναι ένας σωστός παράδεισος. Από τη μια πλευρά βλέπει λίγο Ακρόπολη και μια γειτονιά της παλιάς Αθήνας. Κι από την άλλη βλέπει αυτό το ωραίο καλοκαιρινό σινεμά, το «Σινέ Ψυρρή». Για να το δω. Οχ, δεν είναι εδώ. Πάρκινγκ έγινε κι αυτό; Τι κρίμα. Όμως το εστιατόριο «Κουζίνα Ψυρρή», με την ταράτσα για το καλοκαίρι, υπάρχει πάντα παραδίπλα.

Τι ωραία! Αύριο είναι Κυριακή. Θα πάω μια βόλτα στο **παζάρι**, στο Μοναστηράκι, που είναι δίπλα μου.

Η Νίκη έχει ένα σημείωμα για μένα στο σπίτι με διάφορες οδηγίες, και στο τέλος μού γράφει να δω μια ταινιούλα σε ντι-βι-ντι. Την ετοίμασε για μένα, λέει. Θα τη δω μετά τα ψώνια μου. Φρούτα, λαχανικά, τυρί, ελιές, κρέας και ό,τι άλλο θέλω, θα τα πάρω από την Κεντρική Αγορά

ο καλλιτέχνης ζωγράφος, μουσικός κτλ.

η τέντα

το παζάρι χώρος (πολλές φορές ανοιχτός), όπου πολλοί πουλάνε διάφορα πράγματα, παλιά και καινούργια

*στην οδό Αθηνάς. Εκεί τα πάντα είναι φρέσκα, και μ'
αρέσει τόσο η ατμόσφαιρα!*

Ο Νίκος στο σπίτι του

*Πάει κι αυτό το Σάββατο. Τουλάχιστον να τελειώσω με
τις εξετάσεις στο Πανεπιστήμιο. Μετά θα έχω μόνο τη
δουλειά.*

*Και πώς διαβάζουν με τόση ζέστη; Εύκολο είναι; Μα πώς
τα κατάφερα; Έφαγα πάλι πολύ και τώρα **νυστάζω**.
Κρίμα που δεν είναι εδώ η Μαρία να τα πούμε λίγο. Λίγες
κουβέντες λέμε στη δουλειά, και ούτε που με κοιτάει. Και
γιατί να με κοιτάξει; Εκείνη είναι όμορφη. Βλέπω πώς
την κοιτάζουν οι άντρες. Ενώ εγώ έχω **σπυράκια** και
είμαι και χοντρός. Λοιπόν, από τώρα αρχίζω δίαιτα.
Μπα, το κουδούνι. Ποιος να είναι τέτοια ώρα; Ας ρωτή-
σω καλύτερα.*

«Ποιος είναι;»
«Έλα, εγώ είμαι. Άνοιξε.»

Οχ, η μαμά. Δε μου είπε ότι θα έρθει στην Αθήνα.

«Μαμά, πώς...»
«Ήρθα για τρεις μέρες μόνο. Έχω ραντεβού με τον γυναι-
κολόγο τη Δευτέρα και είπα να σου κάνω **έκπληξη**.
Σου έφερα και σπανακόπιτα.»

νυστάζω αισθάνομαι ότι
θέλω να κοιμηθώ, χρειάζομαι
ύπνο
η έκπληξη αυτό που
αισθάνεσαι όταν γίνεται κάτι
που δεν περίμενες να γίνει

τα σπυράκια

13

«Όχιιιι. Άρχισα δίαιτα.»

«Μα...»

«Καλά, ένα κομμάτι μόνο... Μμμ... είναι πολύ νόστι-μη!»

Το ντι-βι-ντι

*Το ντι-βι-ντι έχει τις περσινές μας διακοπές στο νησί. Πόσο χαρούμενοι δείχνουμε όλοι! Εύκολο είναι, όταν είσαι μπροστά στην κάμερα. Δε λέω, δεν περάσαμε άσχημα. Βέβαια, θυμάμαι εκείνο τον γερό καβγά του μπαμπά και της μαμάς. Πάντα το ίδιο πρόβλημα: «Ποιος φταίει;» Τότε που ξέχασαν το κλειδί μέσα στο σπίτι και δεν μπορούσα-με να μπούμε. Ας είναι. Μάλλον έτσι τους αρέσει, τελικά. Ααα! Η Νίκη κι εγώ στη βάρκα **ψαρεύουμε**. Κι εδώ χορεύω μ' εκείνον τον Άγγλο που μου άρεσε τότε, πώς τον έλεγαν; Ντικ. Όνομα κι αυτό!*

Και τώρα να, η Νικούλα που μου μιλάει:

«...Νικάκι μου, ελπίζω να σου αρέσει που θα μείνεις στο σπίτι μου. Να περάσεις καλά... Βέβαια, θα μιλήσουμε στο τηλέφωνο και θα τα πούμε από κοντά σ' έναν μήνα, αλλά ήθελα να σου πω τα νέα μου, για να τα βγάλω από μέσα μου.

Σε τι εποχή ζούμε πια, βρε παιδί μου; Δε βρίσκεις έναν άντρα που ν' αξίζει. Ή παντρεμένος θα είναι, ή γκέι, ή θα είναι στα ναρκωτικά. Μου έτυχαν και οι τρεις, μ' αυτή

ψαρεύω

14

τη σειρά. Το πιστεύεις; Μήπως είμαι εγώ που τους **τρα-βάω**; Πάντως, ήταν και οι τρεις κούκλοι!

Τον πρώτο, όταν έμαθα ότι είναι παντρεμένος, τον έστει-λα πίσω στη γυναικούλα του. Οι παντρεμένοι με τους παντρεμένους και οι ελεύθεροι με τους ελεύθερους. Σωστά; Με τον γκέι γίναμε πολύ καλοί φίλοι. Θα είναι στο νησί και θα τον γνωρίσεις. Εξαιρετικό παιδί. Με τον τρίτο, στην αρχή νόμιζα ότι **έπινε** κανένα **τσιγαράκι** μόνο. Μετά όμως, όταν μας χτύπησε την πόρτα κάποιος που ήθελε να αγοράσει... Ναι, **έκανε** κι **εμπόριο**! Τότε του είπα να φύγει από το σπίτι μου, πριν χτυπήσει την πόρτα μου η αστυνομία. Δε θέλω να ξέρω τίποτα γι' αυτόν πια. Γι' αυτό άλλαξα και **κλειδαριά**. Αλλά, το λέω μόνο σε σένα, Νικάκι μου, μου ήταν πολύ δύσκολο. Αυτόν τον ερωτεύ-τηκα για τα καλά, και τον σκέφτομαι ακόμα.»

Κυριακή στο Μοναστηράκι

«Νίκο, πάμε για καφέ στο **καφενεδάκι** με θέα την Ακρόπολη και τ' αρχαία του Θησείου, στο Μοναστηράκι; Πολύ μ' αρέσει εκεί. Μπορούμε μετά να κάνουμε μια βόλτα στο παζάρι, και να γυρίσουμε πριν το μεσημέρι που έχει την πολλή ζέστη.»

«Καλή ιδέα, μαμά. Έχω καιρό να πάω σ' αυτό το καφε-νεδάκι. Μάλλον η τελευταία φορά ήταν μαζί σου πάλι. Πότε ήταν; Μάρτιος;»

τραβάω (κάποιον) φέρνω κάποιον κοντά μου
πίνω ένα τσιγαράκι καπνίζω ένα τσιγάρο με χασίς
κάνω εμπόριο αγοράζω και πουλάω για να βγάλω λεφτά

η κλειδαριά εκεί όπου μπαίνει το κλειδί
το καφενεδάκι μικρό καφενείο

...

«Μμμμ! Καλός ο καφές του, όπως πάντα... Νίκο, κοίτα αυτή την κοπέλα με τα μποτάκια. Μποτάκια μ' αυτή τη ζέστη! Δε **σκάει**; Αλλά βλέπεις, παίρνει αέρα με το φόρεμα, έτσι που της φτάνει στον **αφαλό**... Αχ, αυτή η μόδα. Κρίμα, και είναι όμορφο κορίτσι.»
«Ναι, πολύ όμορφο.»

Η βαλίτσα βρέθηκε

Α, το τηλέφωνο...

«Λέγετε.»
«Η δεσποινίς Πάνου;»
«Η ίδια.»
«Από το αεροδρόμιο σας τηλεφωνώ. Έχουμε τη βαλίτσα σας και θα σας τη φέρουμε κάποια ώρα σήμερα μέχρι το μεσημέρι. Θα είστε εκεί;»
«Ναι, βέβαια. Αχ, τι ωραία! Θα σας περιμένω. Ευχαριστώ πολύ.»

Μετά από μια ώρα χτυπάει το κουδούνι...

Φτάσανε κιόλας! Τόσο γρήγορα!

«Η δεσποινίς Πάνου;»
«Ναι...»
«Αστυνόμος Δημήτριος Κούτρας. Θέλω να σας κάνω κάποιες ερωτήσεις.»

ο αφαλός

σκάω (από τη ζέστη)
ζεσταίνομαι πάρα πολύ

«Αστυνόμος; Ερωτήσεις; Για τι πράγμα; Για τη βαλίτσα;»

«Όχι, για τον Γιάννη Παπαδάτο. Ποια βαλίτσα;»

«Για ποιον; Δεν ξέρω κανέναν Παπαδάτο.»

«Μην κάνεις ότι δεν ξέρεις τον Παπαδάτο. Τα ξέρουμε όλα εμείς. Για ποια βαλίτσα μιλάς;»

«Μα για τη βαλίτσα που περιμένω.»

«Α, ώστε περιμένεις και βαλίτσα. Πολύ ενδιαφέρον. Αυτό δεν το ξέραμε. Τώρα, για τον Παπαδάτο...»

«Μα σας είπα, δεν ξέρω κανένα Παπαδάτο. Από πού να τον ξέρω;»

«Άσ' τα αυτά, και πες μας πού είναι.»

«Μα σας είπα ότι...»

«Έλα, τώρα. Αφού έναν μήνα μένατε μαζί, σ' αυτό εδώ το σπίτι.»

«Όχι εγώ.»

«Όχι εσύ; Τότε ποιος; Μήπως εγώ έμενα μαζί του;»

«Εγώ προχτές ήρθα από τη Σουηδία...»

«Από τη Σουηδία, ε; Πολύ ενδιαφέρον κι αυτό. Πότε πήγες στη Σουηδία;»

«Μα εκεί μένω...»

«Μένεις εκεί; Μα πώς μένεις εκεί; Πού;»

«Μένω εκεί με τους γονείς μου, στην οδό Γιόχαν...»

«Μένεις εκεί με τους γονείς σου; Και είσαι η Νίκη Πάνου;»

«Ναι...»

«Άκουσε να σου πω. Δε θα με τρελάνεις εσύ. Λέγεσαι Νίκη Πάνου, ναι ή όχι;»

«Ναι.»

«Νίκη Πάνου του Γεωργίου;»

«Όχι, Νίκη Πάνου του Βασιλείου.»

«Και η Νίκη Πάνου του Γεωργίου;»

«Είναι η ξαδέρφη μου, αλλά δεν είναι εδώ.»

«Πού είναι; **Κρύβεται**;»

«Μα τι λέτε; Γιατί να κρύβεται;»

«Εγώ τι λέω; Πες μου πού είναι.»

«Είναι στο νησί, στη Νάξο, για δουλειά. Θα λείπει όλο το καλοκαίρι.»

«Πολύ ενδιαφέρον κι αυτό. Στη Νάξο, όλο το καλοκαίρι είπες, ε; Κι εσύ θα μένεις εδώ, μόνη; Κοίτα, φαίνεσαι καλό κορίτσι. Επειδή πιστεύουμε ότι ο Παπαδάτος και η παρέα του θα χρησιμοποιήσουν αυτό το σπίτι, πάρε την κάρτα μου, κι αν δεις κάτι **ύποπτο**, τηλεφώνησέ μου αμέσως. Και να προσέχεις. Μην ανοίγεις ποτέ την πόρτα, όπως έκανες τώρα, χωρίς να ρωτάς ποιος είναι από το **θυροτηλέφωνο**. Εντάξει;»

*Μετά από λίγο μου έφεραν και τη βαλίτσα. Ήταν όμως ανοιχτή και χωρίς το **λουκέτο**. Μου είπαν να κοιτάξω αν λείπει κάτι και να το πω στην εταιρεία. Ήταν πολύ περίεργο, αλήθεια, αυτό που έγινε.*

Πράγματι, ήταν πολύ περίεργο ή «πολύ ενδιαφέρον», που λέει και ο Κούτρας. Λες να... Τα πράγματά μου ήταν άνω

κρύβομαι πάω κάπου όπου κανένας δεν μπορεί να με βρει

ύποπτος αυτός που μπορεί να έχει κάνει κάτι κακό

το λουκέτο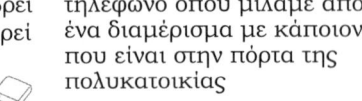

το θυροτηλέφωνο το τηλέφωνο όπου μιλάμε από ένα διαμέρισμα με κάποιον που είναι στην πόρτα της πολυκατοικίας

*κάτω. Τα κοίταξα με προσοχή. Δεν έλειπε τίποτα. Όμως, η **φόδρα** ήταν **σκισμένη**, και μέσα στη βαλίτσα βρήκα ένα σημείωμα που έγραφε: SORRY, WRONG SUITCASE! Τι σημαίνει αυτό άραγε; Λες ο Παπαδάτος και η παρέα του; Αλλά πώς και γιατί; Άντε τώρα να καταλάβεις. Να πάρω τηλέφωνο τον Κούτρα; Μπα. Αφού δεν πήραν τίποτα. Κι επιτέλους, έχω τα ρούχα και τα παπούτσια μου. Μόνο θα τα πλύνω όλα στο πλυντήριο, γιατί ποιος ξέρει τι χέρια τα έπιασαν...*

Λοιπόν, για να το γιορτάσω, θα φάω απόψε έξω, σε ταβέρνα. Νομίζω ότι θα μπορέσω να βρω την ταβέρνα που πηγαίναμε πέρσι με τον μπαμπά και τη μαμά και μας άρεσε.

Ο Νίκος γνωρίζει τη Νίκη

*Δεν είναι δυνατό! Τέτοια **σύμπτωση**! Η κοπέλα που είδαμε χτες με τη μαμά μπαίνει τώρα στην ταβέρνα. **Διαλέγει** το τραπεζάκι... δίπλα στης μαμάς. Η μαμά την κοιτάει...*

«Μπράβο, κορίτσι μου! Επιτέλους, με κανονική φούστα και πέδιλα.»

«Ορίστε; Σε μένα μιλάτε; Με ξέρετε;»

«Όχι. Αλλά σε είδαμε χτες με τον γιο μου, αυτόν εκεί που σερβίρει, στο Μοναστηράκι, και είπαμε...»

η φόδρα το πανί στη μέσα πλευρά της βαλίτσας

η σύμπτωση όταν κάτι γίνεται την ίδια ώρα με κάτι άλλο, χωρίς να το περιμένουμε

διαλέγω ξεχωρίζω ανάμεσα σε δύο ή περισσότερα πράγματα αυτό που προτιμώ

σκισμένος

Οχ, μα τι λέει στην κοπέλα η μαμά; Αλλά εκείνη χαμογελάει και...

«Α, χτες επειδή δεν είχα ακόμα τη βαλίτσα μου με τα πράγματά μου, φόρεσα ρούχα της ξαδέρφης μου, και τα μποτάκια μου ήταν τα μόνα παπούτσια που είχα.»
«Κι εγώ που νόμιζα ότι τα έβαλες για να είσαι της μόδας! Μόνη σου είσαι; Δεν κάθεσαι μαζί μου; Με λένε Μάγδα.»
«Κι εμένα Νίκη.»

...Απίστευτο, η κοπέλα αλλάζει τραπέζι και κάθεται με τη μαμά!

«Νίκο, έλα να γνωρίσεις τη Νίκη, και φέρε κρασί και ό,τι θέλει να φάει. Νίκη, το αρνάκι με τις πατάτες στον φούρνο, που τρώω εγώ, είναι πολύ νόστιμο.»
«Εγώ απόψε θα φάω γεμιστά και φέτα ψητή.»
...

«Λοιπόν, Νίκη, πολύ χάρηκα που σε γνώρισα, και αν έρθεις στην Πάρο, έλα να μείνεις στο σπίτι μας, είναι μεγάλο. Θα χαρώ πολύ. Τώρα όμως που μένεις στην Αθήνα και μόνη σου, να προσέχεις. Ειδικά τη νύχτα, όταν περπατάς μόνη σου σε σκοτεινούς δρόμους.»

Η Νίκη βλέπει κάποιον ύποπτο

Καλά, τι βραδιά κι αυτή! Ή μάλλον, τι μέρα! Ο Κούτρας, η βαλίτσα, και τώρα η φοβερή κυρία Μάγδα! Μου μίλησε, με κέρασε, και με κάλεσε και στο σπίτι της!
*Ο δρόμος όπου είναι το σπίτι δεν έχει καθόλου κίνηση το βράδυ, και είναι πολύ σκοτεινός. Για να κοιτάξω γύρω μου. Είδα μια **σκιά** που έμπαινε μέσα σ' εκείνη την πόρτα ή ήταν η ιδέα μου; Ας πάω πιο γρήγορα. Για κοίτα, ο Κούτρας και η κυρία Μάγδα τι μου έκαναν. Και τώρα που το σκέφτομαι, εκείνη η κυρία με τα κόκκινα μαλλιά και τα μαύρα γυαλιά, που καθόταν στο γωνιακό τραπέζι στην ταβέρνα, πολύ με κοίταζε, όσο ήμουν με την κυρία Μάγδα...*

Η Νίκη ακούει φασαρία

Τι είναι αυτή η φασαρία και οι ομιλίες; Τις ακούω πολύ κοντά μου...

«Όχι, δεν είναι κανείς. Πάρε τη σκάλα κι ανέβα στη βεράντα. Ναι, σου λέω, κανείς. Από 'κεί θα τα καταφέρεις. Έλα, εύκολο είναι. Όχι, δεν ανοίγει έτσι. Βγάλε τη **βίδα** πρώτα για ν' ανοίξει. Λίγο πιο πάνω, πιο δεξιά. Πρόσεχε. Σιγά, θα **σπάσεις** την πόρτα. Έτσι.»

Μα τι γίνεται; Κάποιοι είναι στη βεράντα μου. Προσπαθούν ν' ανοίξουν. Τι κάνω τώρα; Παίρνω τηλέφωνο τον Κούτρα;

 η σκιά

η βίδα

 σπά(ζ)ω

*Μέχρι να έρθει όμως, μπορεί να είναι αργά. Φεύγω απ'
το σπίτι, πριν μπουν μέσα και... Τι ώρα είναι; 8:30 το
πρωί. Όχι, θα πάω να δω. Παίρνω κι αυτό εδώ το μαχαί-
ρι και θα φωνάξω, αν...*

«Α, εδώ είστε δεσποινίς Νίκη; Σας ξυπνήσαμε; Ο κυρ
Θόδωρος μου είπε ότι θα είστε στη Νάξο, και γι' αυτό
δε σας χτύπησα το κουδούνι να ζητήσω την άδεια.
Άλλωστε το ξέρετε, κάθε χρόνο τέτοιες μέρες το ίδιο
γίνεται για να **στήσουμε** το σινεμά.»

«Το σινεμά; Τι γίνεται κάθε χρόνο; Δεν ξέρω. Δεν είμαι
η Νίκη. Δηλαδή, η Νίκη είμαι, αλλά όχι αυτή η Νίκη
που ξέρετε. Είμαι η ξαδέρφη της.»

«Α, γι' αυτό σας είδα λίγο διαφορετική φέτος. Είπα κι
εγώ! Τι, δε θυμάμαι τη δεσποινίδα Νίκη; Μήπως τα
μαλλιά της; Σας **φοβίσαμε**, ε; Συγνώμη, έτσι; Να, κάθε
τέτοιες μέρες στήνουμε το σινεμά για το καλοκαίρι, και
το φθινόπωρο το **μαζεύουμε**.»

«Μπαααα, δε φοβήθηκα. Αλλά να, εγώ θυμόμουν σινε-
μά την προηγούμενη φορά, και τώρα είδα πάρκινγκ
και λυπήθηκα. Κάντε τη δουλειά σας.»

*Ουφ! Τι ιστορία κι αυτή! Είπα ότι δε φοβήθηκα, αλλά
εγώ ξέρω τι **τρομάρα** πήρα. Ευτυχώς είχα το μαχαίρι
πίσω από την πλάτη μου και δεν το είδαν.*

στήνω σηκώνω/βάζω κάτι
όπως πρέπει να είναι
φοβίζω κάνω κάποιον να
φοβάται

μαζεύω παίρνω κάτι από
εκεί που το έχω στήσει, γιατί
δεν το χρειάζομαι πια
η τρομάρα μεγάλος φόβος

Ο Νίκος συναντάει τη Νίκη

Πάει κι αυτό. Καλά έγραψα στις εξετάσεις και σήμερα. Δεν έχω και δουλειά, ας κάνω μια βόλτα ν' αλλάξω λίγο εικόνα. Τελευταία έμεινα πολύ μέσα στο σπίτι. Θα περάσω μέσα από τα δρομάκια και τα σκαλάκια της Πλάκας, και μετά στ' Αναφιώτικα. Μ' αρέσει να βρίσκομαι εδώ. Είναι τόσο ήρεμα. Δεν υπάρχει κανείς τέτοια ώρα. Μόνο... για δες... η Νίκη είναι αυτή μπροστά μου;

«Αυτά τα σπιτάκια, μου θυμίζουν το νησί μου.»

«Νίκο, εσύ; Τι σύμπτωση! Και σκεφτόμουν να περάσω από την ταβέρνα να τα πούμε. Δεν είναι πολύ ωραία εδώ; Κι εμένα μου θυμίζουν τη Νάξο.»

«Δεν είναι τυχαίο. Ο κύριος Μανόλης μου είπε ότι τα έχτισαν παλιά εργάτες που ήρθαν από την Ανάφη, ένα νησί στο Αιγαίο, να δουλέψουν στην Αθήνα. Τώρα τα περισσότερα είναι άδεια, μερικά μόνο τα χρησιμοποιούν καλλιτέχνες σαν στούντιο.»

«Είναι τόσο μικρά! Δύσκολο να σκεφτείς ότι έμεναν άνθρωποι σε τόσο μικρά σπίτια.»

«Πράγματι. Θέλω να σου δείξω κάτι. Θα τα βρω όμως τα ζωγραφισμένα **σκαλιά**;»

«Ζωγραφισμένα σκαλιά;»

«Ναι, τα ζωγράφισε ένας γέρος που έμενε εδώ κάποτε, για να περνάει την ώρα του. Α, να τα.»

«Απίστευτο!»

τα σκαλιά

...

«Πέρασε η ώρα. **Νυχτώνει**. Τι λες πάμε στο Σινέ Πάρκινγκ;»

«Σινέ Πάρκινγκ;»

«Ναι, έτσι θα το λέω πια το Σινέ Ψυρρή. Παίζει την 'Πολίτικη Κουζίνα'. Πού να σου λέω τι έπαθα σήμερα το πρωί...»

Μετά το σινεμά

«Πώς σου φάνηκε το έργο;»

«Μ' άρεσε πολύ, αν και ήταν η δεύτερη φορά.»

«Δεύτερη φορά; Μα γιατί δε μου το είπες;»

«Ήθελα να το δεις κι εσύ, και την προηγούμενη φορά δεν το είδα μαζί σου. Για πες μου τώρα, πεινάς;»

«Λίγο. Τι θα έλεγες για ένα σουβλάκι στη σουβλακούπολη;»

«Αυτή τη φορά δε θα ρωτήσω. Ξέρω, λες τα σουβλατζίδικα στη Μητροπόλεως και στην πλατεία στο Μοναστηράκι. Δεν είναι κακή ιδέα.»

...

«Βρε, Νίκο, γιατί νομίζω ότι κάποιος συνέχεια μας **παρακολουθεί**; Δες αυτή στο διπλανό τραπέζι με τα κόκκινα γυαλιά και το καπέλο. Νομίζω ότι προσπαθεί ν' ακούσει τι λέμε.»

νυχτώνει   γίνεται νύχτα, έρχεται σκοτάδι

παρακολουθώ   ακολουθώ κάποιον από κοντά, για να δω τι κάνει

«Έλα, ιδέα σου είναι. Η γυναίκα απλώς διαβάζει το βιβλιαράκι της. Τίποτε άλλο.»

«Και τότε, γιατί το κρατάει **ανάποδα**;»

«...»

«Άσε που κάτι μου θυμίζει, αλλά δεν ξέρω τι. Να τη, σηκώθηκε μετά από εμάς, και...»

«Νικούλα μου, μήπως διαβάζεις πολλά αστυνομικά τελευταία;»

...

«Πολύ σκοτεινά είναι στη γειτονιά σου. Τι γίνεται, δεν έχει **ρεύμα**;»

«Για περίμενε να **ξεκλειδώσω**. Πράγματι. Δεν ανάβει το φως της σκάλας.»

«Ν' ανάψω τον αναπτήρα. Πρόσεχε τα σκαλιά.»

«Μα, τι είναι αυτή η **κούτα** έξω από το διαμέρισμα; Κάτι γράφει. Για φέρε τον αναπτήρα λίγο εδώ. Από τον Γ.Π. στη Ν.Π. Τι είναι πάλι αυτό; Νίκο, φοβάμαι. Γ.Π. είναι ο Γιάννης Παπαδάτος, που τον ψάχνει η αστυνομία. Ο Κούτρας... να τον πάρω τηλέφωνο. Τι να έχει μέσα η κούτα; Φαίνεται βαριά. Το τηλέφωνο, πού είναι το τηλέφωνο;... Νίκο, το τηλέφωνο είναι νεκρό.»

«Ε, φυσικά είναι νεκρό, αφού κρατάς το **ασύρματο** και δεν έχει ρεύμα. Να, πάρε απ' το κινητό μου.»

ανάποδα   με το πάνω μέρος να είναι κάτω
ξεκλειδώνω   γυρίζω το κλειδί για να ανοίξω μια πόρτα ή μια βαλίτσα

το ρεύμα

η κούτα   μεγάλο κουτί από χαρτόνι
το ασύρματο (τηλέφωνο) τηλέφωνο που μπορούμε να το πηγαίνουμε από το ένα δωμάτιο στο άλλο

Ο Κούτρας ανοίγει την κούτα

«Να μην **αγγίξουμε**, λέει ο Κούτας, την κούτρ... Εεε, εννοώ ο Κούτρας την κούτα. Έρχεται αμέσως.»

«Τι να έχει μέσα άραγε; Έλα, ας πούμε ο καθένας τρία πιθανά πράγματα. Άρχισε εσύ, να περάσει και η ώρα. Όποιος κερδίσει, θα κεράσει τον άλλο παγωτό αύριο.»

«Όρεξη έχεις, βρε Νίκο.»

«Καλά, αρχίζω εγώ. Λέω ότι έχει τα δώρα που του έκανε η Νίκη. Της τα δίνει πίσω.»

«Σιγά μην της τα δίνει πίσω! Ποιος ξέρει τι έχει εδώ μέσα.»

...

«Γεια σας.»

«Γεια σας, κύριε Κούτα, εεε... κύριε Κούτρα, ήθελα να πω. Ο φίλος μου ο Νίκος.»

«Από 'δώ, ο υπαστυνόμος Καραχάλιας και ο σκύλος μας ο Μούργος, ειδικός στο να βρίσκει ναρκωτικά και... βόμβες. Κάνει άλλο γάβγισμα για το ένα, άλλο για το άλλο... Για να δούμε. Μμμμ, η κούτα είναι μεγάλη. Πάντως ο Μούργος δε φαίνεται να μυρίζει τίποτα. Ας την ανοίξουμε, λοιπόν. Είναι και βαριά. Τι να έχει μέσα;»

«Γουβ.»

«Μπα, τι γάβγισμα είναι αυτό; Αυτό δεν είναι για ναρκωτικά αλλά για βόμβα. Μακριά όλοι γιατί ακούω ρολόι... Μα, τι είναι αυτά; Ένα κανονικό ρολόι και

αγγίζω (κάτι)   βάζω τις άκρες των δαχτύλων μου σε κάτι χωρίς καθόλου δύναμη μεταλλικά **δοχεία** με... μέλι. Και λάδι... και ντομάτες... και αγγούρια... και μελιτζάνες... και... ένα σημείωμα. Για να δούμε, τι γράφει...»

Νικούλα, άλλαξες κλειδαριά και δε μου το είπες.
Ίσως τότε που δεν είχα τηλέφωνο. Δε σου τηλεφώνησα, γιατί ήθελα να σου κάνω έκπληξη. Ήμουν για δουλειά στην Αθήνα και σου έφερα λίγα πράγματα από τον κήπο. Έχω και το ρολόι σου μέσα, που το ξέχασες στο σπίτι την τελευταία φορά. Θα μιλήσουμε στο τηλέφωνο.
Φιλάκια,
Ο Γ.Π. σου

«Αααα, ο θείος ο Γιώργος...»
«Ο θείος ο Γιώργος; Ποιος θείος Γιώργος;»
«Ο πατέρας της ξαδέρφης μου, της Νίκης, που έχει σπίτι στη Μονεμβασιά. Εκεί μένει, από τότε που πέθανε η θεία Ελένη, και η Νίκη μένει μόνη της. Πήρε **σύντα-ξη** και τώρα έχει τα μελίσσια του, τις ελιές του και τα λαχανικά του. Και το Γ.Π. και Ν.Π. ήταν... τα ονόματά τους, όταν η Νίκη ήταν μικρή κι έπαιζαν κλέφτες κι

η σύνταξη   τα λεφτά που παίρνει κανείς κάθε μήνα, όταν δε δουλεύει πια

το δοχείο

αστυνόμους. Α, να και το φως και... χτυπάει και το τηλέφωνο.»

«Εμπρός... Θείε Γιώργο, η Νίκη είμαι... Ναι, και πού να σου λέω τι πάθαμε με την κούτρ... κούτα σου.»

Στην ταβέρνα

«Έτσι που λες, κύριε Μανόλη. Έπρεπε να δεις τον Κούτρα, όταν άνοιξε την κούτα με τα λαχανικά, το μέλι, το λάδι και το ρολόι. Και τη Νίκη όλο να λέει τον Κούτρα Κούτα και την κούτα κούτρα. Και μετά, όταν η Νίκη κατάλαβε ότι ο Γ.Π. ήταν ο πατέρας της Νίκης. Τι να σου λέω. Είχε πολύ γέλιο.»

«Πάντως, Νικολάκη, πολλή παρέα κάνεις τελευταία με τη Νίκη. Τι γίνεται, τη Μαρία την ξεχάσαμε;»

«...»

«Έλα, τώρα, μην κοκκινίζεις. Άλλωστε η Νίκη είναι πολύ καλή κοπέλα. Και η Μαρία, τότε που ήθελες εσύ, δεν ήθελε αυτή. Τώρα όμως, όταν είσαι με τη Νίκη, να δεις πώς σε κοιτάζει. Αλλά έτσι είναι οι γυναίκες. Και όχι μόνο οι γυναίκες, δηλαδή. Τα ίδια έκανα κι εγώ. Ήταν εκείνη η Γεωργία πριν κάποια χρόνια, χρυσό κορίτσι. Της άρεσα, και μου το έδειχνε. Εγώ εκείνο τον καιρό κοίταζα κι άλλες. Βαρέθηκε η κοπέλα, βρήκε άλλον, παντρεύτηκε. Τότε εγώ, ο καλός σου, φόρεσα μαύρα. Και...»

«Γεια σας.»

«Βρε, καλώς το κορίτσι μας. Επιτέλους, ήρθες. Άντε, γιατί εγώ μιλούσα στον Νίκο κι εκείνος δεν κοίταζε εμένα αλλά την πόρτα. Τι κάνεις, Νίκη μου; Τι θα σε κεράσουμε;»

«Δε θέλω τίποτα, ευχαριστώ. Νίκο, ήμουν στα ψώνια και νομίζω ότι μια γυναίκα με κόκκινα μαλλιά και πράσινα γυαλιά με **ακολουθούσε**, και...»

«Έλα, βρε Νίκη, ιδέα σου είναι. Είναι αλήθεια ότι γίνανε πολλά τελευταία και σκέφτεσαι συνέχεια το κακό. Λοιπόν, εγώ τέλειωσα εδώ με τη δουλειά. Πάμε για μπάνιο στη Βάρκιζα;»

Στο σπίτι

Τι ώρα να είναι; Πήγε έντεκα κιόλας. Αυτός ήταν ωραίος ύπνος! Όταν περνάει ωραία κανείς την προηγούμενη μέρα, μετά κοιμάται καλά. Δε θέλεις πολλά για να **ευχαριστηθείς**. *Να, χτες στη θάλασσα μείναμε μέχρι αργά. Είδαμε τη δύση του ήλιου και, μετά, την ανατολή του* **φεγγαριού**... *Και τι φεγγάρι ήταν αυτό που είχε! Εκπληκτικό! Μαζέψαμε ξύλα κι ανάψαμε μια φωτιά, και ψήσαμε τα λουκάνικα που είχαμε μαζί μας, ανοίξαμε κι ένα μπουκάλι κρασί, και ήταν τέλεια.*

Σήμερα ο Νίκος δε δουλεύει το μεσημέρι. Έτσι, θα πάει στην Κεντρική Αγορά να ψωνίσει, και σε λίγο θα έρθει

ακολουθώ περπατάω πίσω από κάποιον

ευχαριστιέμαι χαίρομαι, αισθάνομαι ωραία

το φεγγάρι

από εδώ να μαγειρέψουμε και να φάμε στο σπίτι, στη βεράντα. Να μπω γρήγορα για ένα ντους, πριν έρθει. Αν και του έδωσα κλειδιά. Είπαμε 11:30 και τώρα είναι 11:25, αλλά ο Νίκος πάντα αργεί στα ραντεβού του. Το λέει κι ο ίδιος.

Μπα, το κουδούνι. Μάλλον ο Νίκος θα είναι. Σήμερα ήρθε πιο νωρίς.

«Ααα... Ποιοι είστε εσείς; Τι θέλετε; Μα... τι μου κάνετε;»

«Πες μας πού είναι το πράμα και δε θα πάθεις τίποτα, αλλιώς...»

«Μη, πονάω. Α! Το χέρι μου!»

*Καλά να πάθω. Ο Κούτρας μου είπε να ρωτάω πρώτα ποιος είναι και μετά να ανοίγω, κι εγώ, σαν **χαζή**, άνοιξα αμέσως. Και τώρα, να τι έπαθα.*

«Σου λέω ξανά. Αν είσαι καλό κορίτσι, θα πάρουμε το πράμα και δε θα πάθεις κανένα κακό. Μόνο τα χέρια σου θα πονάνε λίγο.»

«Μα για ποιο 'πράμα' μιλάτε; Εγώ δεν ξέρω τίποτα.»

«Το πράμα που έπρεπε να έχει η κόκκινη βαλίτσα με το όνομα Νίκη Πάνου.»

«Η δικιά μου βαλίτσα;»

«Δεν ξέρω αν είναι δικιά σου η βαλίτσα, αλλά αυτά μας είπε ο Παπαδάτος. Η βαλίτσα όμως ήταν άδεια κι ο Παπαδάτος δε βρίσκεται πουθενά. Μάλλον εσύ κι ο

χαζός κάποιος που δεν είναι έξυπνος

Παπαδάτος σου θέλετε να τα φάτε μόνοι σας... Αλλά κι εμείς δεν είμαστε βλάκες. Πες μας τώρα αμέσως πού το κρύβετε, γιατί αλλιώς...»

«Ααα! Πονάω!»

«Άσε τα κλάματα και μίλα. Αν δεν ξέρεις πού είναι το πράμα, πες μας πού είναι ο Παπαδάτος.»

«Δ-δεν ξέρω. Δεν ξέρω τ-τι είναι αυτό το π-πράμα, δεν ξέρω πού είναι, δεν ξέρω τον Π-παπαδάτο.»

«Μη μας λες τέτοια, γιατί δε θα πονάς μόνο στα χέρια σε λίγο.»

«Αααα! Τα μαλλιά μου!»

«Σταμάτα να κλαις και πες μας τι ξέρεις.»

«Εγώ δ-δεν είμαι η Νίκη Πάνου. Δ-δηλαδή, η Νίκη Πάνου είμαι, αλλά ο-όχι αυτή η Νίκη Πάνου που ξ-ξέρει τον Παπαδάτο. Αυτή είναι η ξαδέρφη μου, κ-και ξέρω ότι κι εκείνη δ-δεν είναι με τον Π-Παπαδάτο τώρα, ούτε ξέρει π-πού είναι αυτός.»

«Και η βαλίτσα;»

«Εγώ η-ήρθα από τη Σουηδία, ε-έχασα τη βαλίτσα μου στο αεροδρόμιο, και όταν την π-πήρα ήταν ανοιχτή, ει-είχε όλα τα πράγματά μου μέσα, μ-μόνο που βρήκα ένα ση-σημείωμα που...»

Οχ, το κουδούνι. Ο Νίκος...

«Περιμένεις κανέναν;»

«Ναι... »

«Άνοιξε και πρόσεξε μην κάνεις κάποια κίνηση, έχω πιστόλι.»

«Θεία Πίτσα! Τι κ-κάνεις εσύ εδώ;»

«Γεια σου, Νίκη μου. Χαίρομαι που σε βλέπω. Α, έχεις επισκέψεις. Τι κάνετε, κύριοι;»

«...»

Χαίρεται που με βλέπει; «Τι κάνετε, κύριοι»; Δε βλέπει τι γίνεται εδώ; Μάλλον δεν καταλαβαίνει τίποτα η θεία πια.

«Στο **κόλπο** κι αυτή; Έλα εδώ. Εδώ και οι δυο σας. Θα σας **δέσω** μαζί.»

*Πού στο καλό βρέθηκε κι αυτή η καημένη τώρα; Και πολύ **ψύχραιμη** τη βλέπω. Να δούμε τι άλλο θα πάθουμε σήμερα.*

«Μίλα. Τι άλλο ξέρεις; Πού είναι η ξαδέρφη σου; Πού κρύβεται; Πού έχει το πράμα;»

«Η Νίκη δεν κρύβεται, δεν ξέρει τίποτα. Όταν έμαθε τι έκανε ο Παπαδάτος, τον έδιωξε.»

Οχ, κάποιος προσπαθεί να ανοίξει την πόρτα. Ο Νίκος.

«Κι άλλον περιμένεις;»

«Ναι, τον... Νίκο.»

«Στάσου, βάλ' τον μέσα και πρόσεξε, μη δείξεις τίποτα, σε σκότωσα.»

το κόλπο   σχέδιο που οργανώνει κάποιος για να κερδίσει λεφτά κλέβοντας κάποιον ή κάποιους άλλους

δένω   βάζω γύρω από τα χέρια ή τα πόδια κάποιου ένα σχοινί για να μην μπορεί να τα κουνήσει

(είμαι) ψύχραιμος   δεν ανησυχώ / δεν φοβάμαι μπροστά σε κάτι δύσκολο

*Ααα, ο Κούτρας με σακούλες με ψώνια κι ο Νίκος από πίσω του. Μαζί με τις σακούλες, ένα **πιστόλι**!*

Ο Κούτρας πυροβολεί τον άντρα που κρατάει το πιστόλι και το πιστόλι τού πέφτει από το χέρι.
«Τι... Ααα... το χέρι μου.»
«Ακίνητοι.»
«Κύριε Κούτρα! Εσείς; Και... Νίκο. Μα πώς; Πού το μάθατε;»
«Ας είναι καλά η θεία σου η Πίτσα.»
«Θεία, τι;... Εσύ;»
«Ας τη λύσουμε, και θα τα πείτε εσείς με την ησυχία σας. Εγώ πρέπει να πάω αυτούς τους... κυρίους στην Αστυνομία.»

Τέλος καλό, όλα καλά

«Τι ιστορία κι αυτή. Καλά... βρε θεία, όλο αυτό τον καιρό με παρακολουθούσες;»
«Όταν η μαμά σου μου είπε ότι ήθελες να είσαι μόνη σου, σκέφτηκα να σε βλέπω πότε πότε από μακριά. Ξέρεις τώρα, πόσο μ' αρέσει να διαβάζω αστυνομικά μυθιστορήματα. Μου φάνηκε, λοιπόν, ότι είδα κάποιες ύποπτες κινήσεις κοντά στο σπίτι. Μίλησα και με τον Κούτρα, και μου είπε για τον Παπαδάτο και τους άλλους. Θα το ξέρεις ότι ήθελα να γίνω ηθοποιός, όταν ήμουν νέα, και ο πατέρας μου δε με άφησε, γιατί την εποχή

το πιστόλι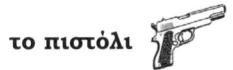

εκείνη δεν είχαν τόσο καλό όνομα οι ηθοποιοί. Έτσι, έκανα κάτι που μου άρεσε, δηλαδή, να σε παρακολουθώ και να φοράω διαφορετικά καπέλα και **περούκες**, ρούχα και γυαλιά, κάθε φορά. Όταν πριν από λίγο είδα δύο άγνωστους άντρες να μπαίνουν στο σπίτι σου, τηλεφώνησα στον Κούτρα, που ήρθε την ώρα που ερχόταν και ο Νίκος.»

«Και τα κατάφερες πολύ καλά σαν ηθοποιός αλλά ακόμα καλύτερα σαν ντετέκτιβ. Μπράβο, θεία!»

«Ο Κούτρας μου είπε πως ήταν ο Παπαδάτος που πήγε και τον βρήκε πρώτος. Έδωσε στον αστυνόμο το 'πράμα', του μίλησε για τους άλλους και το σχέδιό τους, και του ζήτησε βοήθεια, γιατί φοβόταν για τη ζωή του. Φαίνεται ότι πήρε κρυφά την κόκκινη βαλίτσα της ξαδέρφης σου, που είναι ίδια με τη δικιά σου και γράφει το όνομά της, και ήθελε εκεί να βάλει το «πακέτο» που ήρθε από την Τουρκία. Το σχέδιο ήταν ο Παπαδάτος να δώσει τη βαλίτσα σε κάποιον Αλέκο Λώλα, που δούλευε στο αεροδρόμιο. Και αυτός να περάσει **κρυφά** τη βαλίτσα από το τελωνείο, για να τη στείλει στην Ολλανδία. Όμως ο Παπαδάτος κατάλαβε, λέει, ότι αγαπάει τη Νίκη, και θέλει να ξεφύγει από τέτοιες δουλειές. Γι' αυτό και η βαλίτσα που έδωσε ήταν άδεια. Τότε ήταν που εσύ, με το όνομα Νίκη Πάνου, δήλωσες στο αεροδρόμιο ότι έχασες την κόκκινη βαλίτσα σου. Σε ποιον; Στον Αλέκο Λώλα! Κατάλαβες;»

κρυφά χωρίς να με βλέπουν ή να ξέρουν

η περούκα

«Νομίζω, θεία.»

«Κι όταν ήρθε η βαλίτσα, ποιος είδε πρώτος τι είχε μέσα;»

«Ο Λώλας;»

«Ακριβώς.»

«Πολύ ενδιαφέρον κι αυτό, όπως λέει και ο Κούτρας.»

«Επίσης, έμαθα ότι του Νίκου του αρέσει η σπανακό-πιτα κι έφτιαξα και για τους δυο σας.»

«Καλά, ακόμα κι αυτό το έμαθες, βρε θεία;»

Η Νίκη πάει... στη Νίκη

«Ποπό! Πώς πέρασαν τόσο γρήγορα οι μέρες! Νίκο μου, φεύγω. Πάω στη Νάξο να δω τη Νίκη. Την επόμενη βδο-μάδα έρχεται και η μητέρα μου. Όταν θα είσαι στην Πάρο, έλα να μας δεις, ή μπορεί να έρθω εγώ για λίγο. Μη με κοιτάς έτσι!»

«Δε θέλω να φύγεις. Περνάμε τόσο ωραία οι δυο μας.»

«Αυτό είναι αλήθεια. Κι εμένα θα μου λείψεις.»

«Νίκη, μπορώ να... σε φιλήσω;»

«Επιτέλους! Γιατί ήμουν έτοιμη να το κάνω εγώ.»

Στο αεροδρόμιο

σελ. 7

Α. Απαντήστε στις ερωτήσεις.

1. Τι πρόβλημα έχει η Νίκη στο αεροδρόμιο;
2. Με ποια αεροπορική εταιρεία ήρθε;
3. Τι καιρό κάνει στην Αθήνα;
4. Όταν υπάρχουν πολλές πτήσεις, τι μπορεί να γίνει;
5. Τι εποχή είναι, νομίζετε;

Β. Διαλέξτε το σωστό.

1. Η Νίκη θα αγοράσει _____ .
   α. μπλούζα, φούστα κι εσώρουχα   β. μπλούζα
   γ. κάλτσες και βρακάκι   δ. εσώρουχα

2. Η Νίκη ήρθε από την _____ .
   α. Σουηδία   β. Ελλάδα   γ. Ολλανδία   δ. Ελβετία

3. Η Αθήνα είναι _____ .
   α. όπως την προηγούμενη φορά   β. όλο έργα
   γ. σαν καινούργια   δ. χειρότερη από πριν

4. Η θεία Πίτσα _____ .
   α. είναι παντρεμένη   β. δουλεύει πολύ
   γ. διαβάζει αλλά δε βλέπει τηλεόραση
   δ. φτιάχνει ωραίες πίτες

5. Η Νίκη παίρνει από το αεροδρόμιο _____ .
   α. ταξί   β. το λεωφορείο   γ. το μετρό
   δ. το τρένο

Στην ταβέρνα

Α. Σωστό (Σ) ή Λάθος (Λ);

1. Στο τέλος οι πελάτες τρώνε μόνο πεπόνι.
2. Ο Μανόλης και ο Νίκος είναι από την Πάρο.
3. Παλιά η περιοχή είχε πολλές ταβέρνες.
4. Η ταβέρνα του Μανόλη είναι η πιο καινούργια.
5. Ο Νίκος δουλεύει στην ταβέρνα του Μανόλη.

Β. Βάλτε τις λέξεις που λείπουν.

1. Το Σάββατο ο Νίκος δουλεύει και το _____
   και το _____ .
2. Ο Νίκος θέλει να προλάβει να διαβάσει, πριν έρθουν οι
   _____ για το βράδυ.
3. Η ταβέρνα είναι στο παλιό _____ της Αθήνας.
4. Ο Μανόλης έχει την ταβέρνα τού _____ του.
5. Παλιά στου Ψυρρή υπήρχαν πολλά μικρά
   _____ και μια ταβέρνα.

Η Νίκη στο σπίτι της ξαδέρφης της

Α. Βάλτε τα ρήματα στον σωστό τους τύπο.

φτάνω, βλέπω, είμαι, έχω, περνάω

Η ξαδέρφη της Νίκης _____ φωτογράφος. _____
ένα μικρό αλλά πολύ ωραίο διαμέρισμα. Και μόνο οι φωτο-
γραφίες που έχει στους τοίχους _____ . Τον περισσότε-
ρο καιρό τον _____ στη βεράντα της που _____
ωραία θέα. Από τη μια πλευρά _____ το Σινέ Ψυρρή και
από την άλλη λίγο Ακρόπολη.

Β. Βάλτε τις λέξεις στη σωστή σειρά.

1. μετά / Νίκη / το / η / καλύτερα / αισθάνεται / ντους
2. η / της / της / ένα / ξαδέρφη / άφησε / Νίκης / σημείωμα
3. η / ένας / τα / παράδεισος / σωστός / βεράντα / με / λουλούδια / είναι
4. στο / έχει / την / Μοναστηράκι / Κυριακή / παζάρι
5. από / η / αλλά / ένα / το / τη / δε / βεράντα / βλέπει / πάρκινγκ / Νίκη / σινεμά

Ο Νίκος στο σπίτι του   σελ. 13

Α. Βάλτε το σωστό επίθετο στον σωστό τύπο.

νόστιμος, κουραστικός, χοντρός, όμορφος

1. Η Μαρία, που αρέσει στον Νίκο, είναι _____ .
2. Ο Νίκος είναι... λίγο _____ .
3. Η σπανακόπιτα της μητέρας του Νίκου είναι

   _____ .
4. Η μέρα σήμερα ήταν _____ .

Β. Γράψτε σωστό (Σ), λάθος (Λ), ή δεν ξέρω (ΔΞ).

1. Η Μαρία κοιτάει άλλους στη δουλειά.
2. Ο Νίκος κάνει δίαιτα έναν μήνα τώρα.
3. Ο Νίκος περίμενε να έρθει η μητέρα του.
4. Η μητέρα του Νίκου έχει ραντεβού με τον γυναικολόγο.
5. Η μητέρα του έφτιαξε τη σπανακόπιτα σήμερα.

Το ντι-βι-ντι

Α. Βάλτε τα ρήματα στον σωστό τύπο.

1. Στο ντι-βι-ντι η ξαδέρφη της Νίκης _____ στη Νίκη. (μιλάω)
2. Η ξαδέρφη _____ έναν νέο που φαίνεται πως έκανε και εμπόριο χασίς. (ερωτεύομαι)
3. Της Νίκης της _____ ένας Άγγλος πέρσι. (αρέσω)
4. Πέρσι οι γονείς της Νίκης _____ το κλειδί μέσα στο σπίτι. (ξεχνώ)
5. Μετά δεν _____ να _____ στο σπίτι. (μπορώ, μπαίνω)

Β. Βάλτε τις λέξεις που λείπουν.

1. Η ξαδέρφη της Νίκης γνώρισε τον τελευταίο καιρό τρεις νέους άντρες. Ο ένας ήταν _____ , ο άλλος _____ , και ο _____ είχε μπλέξει με ναρκωτικά.
2. Και οι τρεις ήταν _____ .
3. Τον πρώτο τον έστειλε πίσω στη _____ του.
4. Με τον δεύτερο έγιναν _____ .
5. Τον τρίτο τον έδιωξε και άλλαξε _____ στην πόρτα.

Κυριακή στο Μοναστηράκι

Α. Διαλέξτε το σωστό.

1. Το φόρεμα της κοπέλας είναι _____ κοντό.
   α. λίγο   β. αρκετά   γ. πολύ

2. Το καφενεδάκι είναι _____ .
   α. στα αρχαία   β. στο Μοναστηράκι
   γ. στην Ακρόπολη

3. Η κοπέλα είναι _____ .
   α. ωραία   β. κοντή   γ. καλή

4. Η κοπέλα φοράει _____ .
   α. πέδιλα   β. καπέλο   γ. μποτάκια

5. Ο Νίκος και η μητέρα του πάνε για καφέ _____ .
   α. το μεσημέρι   β. το πρωί   γ. το απόγευμα

Β. *Βάλτε τις λέξεις στον σωστό τύπο.*

   καιρός, αφαλός, ιδέα, καφές, βόλτα

1. Πάμε για _____ στο καφενεδάκι;
2. Μετά θα κάνουμε μια _____ στο παζάρι.
3. Η κοπέλα φοράει ένα φόρεμα που της φτάνει στον
   _____ .
4. «Καλή _____ , μαμά, να πάμε σ' εκείνο το
   καφενεδάκι.»
5. Ο Νίκος είχε _____ να πάει στο καφενεδάκι.

Η βαλίτσα βρέθηκε   σελ. 16

Α. *Απαντήστε στις ερωτήσεις.*

1. Από πού τηλεφώνησαν στη Νίκη;
2. Γιατί τηλεφώνησαν;
3. Πότε θα φέρουν τη βαλίτσα;
4. Ποιος χτύπησε το κουδούνι;
5. Τι θέλει;

Β. *Διαλέξτε το σωστό.*

1. Ο αστυνόμος θέλει να μάθει για _____ .
   α. τη βαλίτσα   β. τον Γιάννη Παπαδάτο
   γ. το αεροδρόμιο

2. Η Νίκη μένει στη Σουηδία με _____ .
   α. τους γονείς της   β. την ξαδέρφη της
   γ. τον Γιάννη Παπαδάτο

3. Η βαλίτσα ήταν _____ .
   α. κλειστή   β. χαλασμένη   γ. ανοιχτή

4. Το όνομα του πατέρα της Νίκης είναι _____ .
   α. Ιωάννης Πάνου   β. Βασίλειος Πάνου
   γ. Γεώργιος Πάνου

5. Η ξαδέρφη της είναι στη Νάξο γιατί _____ .
   α. έχει δουλειά   β. κρύβεται   γ. κάνει διακοπές

Ο Νίκος γνωρίζει τη Νίκη σελ. 19

Α. Σωστό (Σ) ή Λάθος (Λ);

1. Η Νίκη φοράει φόρεμα αυτή τη φορά.
2. Τη μητέρα του Νίκου τη λένε Μάγδα.
3. Τελικά η Νίκη κάθεται στο ίδιο τραπέζι με τη Μάγδα.
4. Η Μάγδα τρώει αρνί με πατάτες.
5. Η Νίκη θα μείνει απόψε στο σπίτι της Μάγδας.

Β. Βάλτε τις προτάσεις του διαλόγου στη σωστή σειρά.

1 Μπράβο, κορίτσι μου!
_ Ναι. Επιτέλους με φούστα και πέδιλα!
_ Α, ναι. Δεν είχα τη βαλίτσα με τα πράγματά μου ακόμα.
_ Δεν καταλαβαίνω.
_ Α, κι εγώ νόμισα ότι τα φορούσες για μόδα.
_ Σ' εμένα μιλάτε;
_ Χτες το πρωί που σε είδα, φορούσες μποτάκια.

Η Νίκη βλέπει κάποιον ύποπτο σελ. 21

Α. Βρείτε τα επίθετα που υπάρχουν σ' αυτό το κεφάλαιο και γράψτε το αρσενικό, το θηλυκό, και το ουδέτερό τους.

Β. Σωστό (Σ) ή Λάθος (Λ);

1. Η κυρία Μάγδα πλήρωσε το φαγητό της Νίκης.
2. Ο δρόμος όπου βρίσκεται το σπίτι της Νίκης έχει πολλή κίνηση.
3. Η Νίκη νομίζει ότι είδε μια σκιά.
4. Η κυρία με τα κόκκινα μαλλιά κοίταζε συνέχεια τον Νίκο και την κυρία Μάγδα.

Η Νίκη ακούει φασαρία σελ. 21

Α. Απαντήστε στις ερωτήσεις.

1. Γιατί ξύπνησε η Νίκη;
2. Ποιος μιλούσε;
3. Τι νομίζει η Νίκη ότι κάνουν αυτοί οι άνθρωποι;
4. Τι γίνεται κάθε χρόνο τέτοιες μέρες;
5. Γιατί λυπήθηκε η Νίκη;

Β. Σωστό (Σ) ή Λάθος (Λ);

1. Η Νίκη τηλεφωνεί αμέσως στον Κούτρα.
2. Η ώρα είναι οχτώμισι το βράδυ.
3. Το σινεμά το στήνουν για το καλοκαίρι μόνο.
4. Οι εργάτες είδαν το μαχαίρι που κρατούσε η Νίκη.
5. Η Νίκη θυμόταν ότι δίπλα στο σπίτι υπήρχε σινεμά και όχι πάρκινγκ.

Ο Νίκος συναντάει τη Νίκη σελ. 24

Α. *Ταιριάξτε τις δύο στήλες.*

1. Τα έχτισαν εργάτες από   α. τη Νάξο
2. Του Νίκου του θυμίζουν   β. καλλιτέχνες
3. Της Νίκης της θυμίζουν   γ. την Ανάφη
4. Ένας γέρος ζωγράφισε   δ. το νησί του
5. Μερικά σπίτια τα χρησιμοποιούν ε. τα σκαλιά

Β. *Γράψτε τα αντίθετα.*

1. καλά   _____
2. μπροστά   _____
3. περισσότερα   _____
4. γέρος   _____
5. άδειος   _____
6. μικρά   _____
7. δύσκολο   _____

Μετά το σινεμά σελ. 25

Α. *Διαλέξτε το σωστό.*

1. Ο Νίκος είδε το έργο για _____ φορά.
   α. πρώτη   β. δεύτερη   γ. τρίτη

2. Μετά το σινεμά πηγαίνουν _____ .
   α. να χορέψουν   β. να πιουν κάτι   γ. να φάνε κάτι

3. Θα φάνε σίγουρα _____ .
   α. σουβλάκι   β. μια σαλάτα   γ. σάντουιτς

4. Η γυναίκα διαβάζει _____ .
   α. μια εφημερίδα   β. ένα περιοδικό   γ. ένα βιβλίο

5. Το _____ είναι νεκρό.
   α. καπέλο   β. ασύρματο   γ. κινητό

Β. Γράψτε τα υπογραμμισμένα ρήματα στο πρώτο ενικό πρόσωπο του Ενεστώτα.

«Για περίμενε να ξεκλειδώσω... Πράγματι. Δεν ανάβει το φως της σκάλας.»

«Να ανάψω τον αναπτήρα... Πρόσεχε τα σκαλιά!»

«Μα τι είναι αυτή η κούτα έξω από το διαμέρισμα; Κάτι γράφει. Για φέρε τον αναπτήρα λίγο εδώ...
Από τον Γ.Π. στη Ν.Π. Τι είναι πάλι αυτό;...
Νίκο, φοβάμαι. Γ.Π. είναι ο Γιάννης Παπαδάτος, που τον ψάχνει η αστυνομία. Ο Κούτρας... να τον πάρω τηλέφωνο... Τι να έχει μέσα η κούτα; Φαίνεται βαριά... Το τηλέφωνο, πού είναι το τηλέφωνο; Νίκο, τον αναπτήρα να το βρω... Το τηλέφωνο είναι νεκρό!»

Ο Κούτρας ανοίγει την κούτα σελ. 27

Α. Συμπληρώστε τα κενά με τις παρακάτω λέξεις.

σημείωμα, ζει, δώρα, παγωτό, βόμβα

1. Όποιος βρει τι έχει η κούτα, θα κεράσει _____ .

2. Ο Νίκος λέει ότι έχει τα _____ που έκανε η άλλη Νίκη στον Παπαδάτο.

3. Ο Μούργος λέει ότι έχει _____ .

4. Η κούτα έχει ένα ρολόι, μέλι, λάδι, λαχανικά, και ένα

   _____ .

5. Η θεία της Νίκης δεν _____ πια.

Β. Απαντήστε στις ερωτήσεις.

1. Τι δουλειά κάνει ο Καραχάλιας;

2. Γιατί ο Κούτρας έχει τον σκύλο μαζί του;

3. Τελικά, από ποιον είναι η κούτα;

4. Ποιος είναι ο θείος Γιώργος;

5. Γιατί δεν άνοιξε η πόρτα του σπιτιού;

Στην ταβέρνα

Α. *Βάλτε τα ρήματα στον σωστό τύπο.*

1. Χθες ο Κούτρας _____ την κούτα. (ανοίγω)
2. Η Νίκη όλο _____ τον Κούτρα 'Κούτα'. (λέω)
3. Η Γεωργία _____ τον Μανόλη αλλά εκείνος
   _____ κι άλλες. (θέλω / κοιτάζω)
4. Η Νίκη _____ ότι μια γυναίκα την _____ .
   (νομίζω / ακολουθώ)

Β. *Βάλτε τις λέξεις στη σωστή σειρά.*

1. μην / τώρα / έλα / κοκκινίζεις
2. η / εσύ / όταν / Μαρία / δεν ήθελε / ήθελες
3. Της / μου / Γεωργίας / της /το / άρεσα / και / έδειχνε
4. η / εγώ / μαύρα / όταν / φόρεσα / παντρεύτηκε / Γεωργία
5. Ο / ο / την / και / κοίταζε / μιλούσε / Νίκος / Μανόλης / πόρτα

Στο σπίτι

Α. *Απαντήστε στις ερωτήσεις.*

1. Ποιον περιμένει η Νίκη να έρθει;
2. Ποιος ήρθε;
3. Γιατί ήρθαν;
4. Ποιοι άλλοι έρχονται μετά;
5. Πώς δείχνει να είναι η θεία Πίτσα;

Β. *Βάλτε τις λέξεις που λείπουν.*

«Ααα! Ποιοι είστε _____ ; Τι θέλετε;»
«Πες μας πού είναι το πράμα και δε θα _____
τίποτα.»

«Μη, _____ . Α! Το χέρι μου! Μα για _____
'πράμα' μιλάτε; Εγώ δεν ξέρω _____ .»
«Το πράμα που _____ να έχει η κόκκινη βαλίτσα.»
«Ποια κόκκινη βαλίτσα; Η _____ μου;»

Τέλος καλό, όλα καλά σελ. 35

Α. Διαλέξτε το σωστό.

1. Η θεία Πίτσα έβλεπε τη Νίκη από μακριά γιατί _____ .
   α. της άρεσαν τα αστυνομικά μυθιστορήματα
   β. της το ζήτησε η μαμά της Νίκης
   γ. είδε έναν ύποπτο άντρα στο σπίτι

2. Η θεία Πίτσα δεν έγινε ηθοποιός, γιατί _____ .
   α. δεν ήθελε ο πατέρας της
   β. δε βρήκε δουλειά
   γ. παντρεύτηκε

3. Της θείας Πίτσας της αρέσει _____ .
   α. να παρακολουθεί αλλά μόνο από πολύ μακριά
   β. να αλλάζει καπέλα, μαλλιά ή γυαλιά, και ρούχα
   γ. να βλέπει με ποιους άντρες βγαίνει η Νίκη

4. Ο Παπαδάτος έδωσε το 'πράμα' στον Κούτρα, γιατί _____ .
   α. μάλωσε με τους άλλους
   β. άλλαξε δουλειά
   γ. κατάλαβε ότι αγαπάει την ξαδέρφη της Νίκης

Β. Βρείτε τις λέξεις που σημαίνουν:

1. Αυτός/Αυτή που παίζει στο θέατρο ή στο σινεμά.
2. Φανταστική ιστορία γραμμένη σε βιβλίο με αρχή, μέση, και τέλος.
3. Ιδιωτικός αστυνομικός.
4. Τα χρόνια εκείνα.
5. Χωρίς να βλέπουν ή να ξέρουν οι άλλοι.

Η Νίκη πάει... στη Νίκη

A. *Γράψτε τα αντίθετα.*

1. γρήγορα   _____
2. οι μέρες   _____
3. την επόμενη   _____
4. ωραία   _____
5. αλήθεια   _____

B. *Γράψτε τα υπογραμμισμένα ρήματα στο πρώτο ενικό πρόσωπο του Ενεστώτα.*

«Ποπό! Πώς <u>πέρασαν</u> τόσο γρήγορα οι μέρες! Νίκο μου, φεύγω. Πάω στη Νάξο <u>να δω</u> τη Νίκη. Την επόμενη βδομάδα έρχεται και η μητέρα μου. Όταν θα είσαι στην Πάρο, έλα να μας δεις, ή μπορεί <u>να έρθω</u> κι εγώ για λίγο... Μη με <u>κοιτάς</u> έτσι!»

«Δε θέλω <u>να φύγεις</u>. Περνάμε τόσο ωραία οι δυο μας!»

«Αυτό είναι αλήθεια. Κι εμένα <u>θα</u> μου <u>λείψεις</u>.»

«Νίκη, μπορώ <u>να</u> σε <u>φιλήσω</u>;»

ΙΔΕΕΣ ΓΙΑ ΔΡΑΣΤΗΡΙΟΤΗΤΕΣ ΣΤΗΝ ΤΑΞΗ

ΔΡΑΣΤΗΡΙΟΤΗΤΑ 1

Μετά την ανάγνωση ενός κεφαλαίου ή ενός μέρους της ιστορίας, διαιρούμε την τάξη σε ομάδες. Κάθε ομάδα ετοιμάζει σ' ένα χαρτί ερωτήσεις κατανόησης σχετικά με το συγκεκριμένο κομμάτι που έχει διαβαστεί και τις δίνει στη διπλανή ομάδα για να τις απαντήσει. Παράδειγμα: Αν έχουμε σχηματίσει δύο ομάδες, την Α και τη Β, η Α ετοιμάζει τις ερωτήσεις για τη Β και η Β για την Α. Όταν τα χαρτιά επιστραφούν με τις απαντήσεις, κάθε ομάδα διορθώνει την άλλη.

ΔΡΑΣΤΗΡΙΟΤΗΤΑ 2

Διαιρούμε την τάξη σε ζεύγη. Καθένας από τους δύο μαθητές ετοιμάζει μια γραπτή περίληψη ενός κεφαλαίου ή ενός μέρους της ιστορίας και δίνει το χαρτί του στον άλλο για να το διορθώσει.

ΔΡΑΣΤΗΡΙΟΤΗΤΑ 3

Ένας μαθητής μιλάει για έναν από τους χαρακτήρες της ιστορίας. Οι υπόλοιποι πρέπει να μαντέψουν για ποιον πρόκειται.

ΔΡΑΣΤΗΡΙΟΤΗΤΑ 4

Διαιρούμε την τάξη σε δύο ομάδες. Η πρώτη από τις δύο ομάδες σημειώνει τρεις λέξεις σ' ένα χαρτί και το δίνει στην άλλη. Η αντίπαλη ομάδα πρέπει να ετοιμάσει έναν σύντομο διάλογο χρησιμοποιώντας τουλάχιστον δύο από τις προτεινόμενες λέξεις. Η πρώτη ομάδα διαβάζει δυνατά τον διάλογο. Η δραστηριότητα επαναλαμβάνεται με τη δεύτερη ομάδα να προτείνει τρεις λέξεις στην πρώτη.

ΔΡΑΣΤΗΡΙΟΤΗΤΑ 5

Διαιρούμε την τάξη σε ζεύγη ή σε ομάδες, ανάλογα με τον αριθμό των χαρακτήρων που εμφανίζονται σ' έναν διάλογο της ιστορίας. Οι μαθητές παίζουν τον διάλογο, προσπαθώντας να επαναλάβουν όσο πιο πιστά γίνεται τις 'ατάκες' του διαλόγου.

Παραλλαγή Α
Ο καθηγητής δίνει σε κάθε ομάδα ένα χαρτί με έναν διάλογο από την ιστορία, από τον οποίο λείπουν κάποιες ατάκες. Οι μαθητές πρέπει να συμπληρώσουν τον διάλογο και μετά να τον παίξουν.

Παραλλαγή Β
Οι μαθητές παίζουν ελεύθερα έναν διάλογο από την ιστορία.

ΔΡΑΣΤΗΡΙΟΤΗΤΑ 6

Οι μαθητές ετοιμάζουν μια γραπτή περιγραφή για την εξωτερική εμφάνιση ή/και την ψυχολογία ενός ή περισσότερων χαρακτήρων της ιστορίας.

VOCABULARY

αγγίζω to touch
ακολουθώ to follow
ανάποδα upside down
ανησυχώ to worry
ασύρματο, το cordless (phone)
αφαλός, ο navel, belly button
βίδα, η screw
βρακάκι, το underpants, briefs
δένω to tie, to do up
διαλέγω to choose
δοχείο, το can
ειδοποιώ to let sb. know, to advise
έκπληξη, η surprise
εσώρουχα, τα underwear
ευχαριστιέμαι to be pleased, to take pleasure
θυροτηλέφωνο, το door intercom
καλλιτέχνης, ο/η artist
κάνω εμπόριο to trade
καφενεδάκι, το small traditional cafe, bistro
κλειδαριά, η lock

κόλπο, το wangle, stunt
κούτα, η carton box, crate
κρύβομαι to hide (one self)
κρυφά secretly, in secret
λουκέτο, το padlock
μαζεύω to gather up, to dismount
μυρωδιά, η smell
νυστάζω to be sleepy
νυχτώνει it gets / it is getting dark
ξεκλειδώνω to unlock
παζάρι, το market place
παρακολουθώ to shadow, to follow closely
παχουλός stout, plump
περούκα, η wig
πίνω ένα τσιγαράκι to smoke a joint
πιστόλι, το pistol
πληροφορίες, οι information
πράμα, το stuff, merchandise
ρεύμα, το (electric) current, electricity

σκαλιά, τα steps
σκάω to be gaspering with heat
σκιά, η shadow
σκισμένος torn
σπά(ζ)ω to break
σπυράκι, το pimple, spot
στήνω to assemble, to build
στοιχεία, τα data, particulars
σύμπτωση, η coincidence
συνοικία, η district
σύνταξη, η pension

ταβερνιάρης, ο tavern owner/keeper
τέντα, η awning
τραβάω (-ώ) to attract
ύποπτος suspicious
φεγγάρι, το moon
φοβίζω to frighten
φόδρα, η lining
χαζός dumb, stupid
ψαρεύω to fish
ψύχραιμος cool, composed

αγγίζω toucher

ακολουθώ suivre

ανάποδα à rebours, à l'envers

ανησυχώ s'inquieter, être inquiet

ασύρματο, το le téléphone sans fil

αφαλός, ο l'ombilic

βίδα, η la vis

βρακάκι, το le slip, la petite culotte

δένω lier, ligoter

διαλέγω choisir

δοχείο, το le bidon

ειδοποιώ avertir, aviser

έκπληξη, η la surprise

εσώρουχα, τα les sous-vêtements, dessous

ευχαριστιέμαι se faire plaisir, se régaler

θυροτηλέφωνο, το l'interphone

καλλιτέχνης, ο/η l'artiste

κάνω εμπόριο faire du commerce

καφενεδάκι, το le bistro

κλειδαριά, η la serrure

κόλπο, το le coup

κούτα, η le carton

κρύβομαι se cacher

κρυφά secrètement, en cachette

λουκέτο, το le loquet, cadenas

μαζεύω rassembler, plier

μυρωδιά, η l'odeur

νυστάζω avoir sommeil

νυχτώνει il fait nuit

ξεκλειδώνω ouvrir avec la clef

παζάρι, το le marché

παρακολουθώ surveiller, espionner

παχουλός boulot, dodu

περούκα, η la perruque

πίνω ένα τσιγαράκι fumer du hachich / un joint

πιστόλι, το le pistolet

πληροφορίες, οι les informations, indications

πράμα, το la marchandise

ρεύμα, το le courant électrique

σκαλιά, τα les escaliers, marches

σκάω crever

σκιά, η l'ombre
σκισμένος déchiré
σπά(ζ)ω casser
σπυράκι, το le bouton
στήνω dresser, monter
στοιχεία, τα le nom et
les coordonnées
σύμπτωση, η la coincidence
συνοικία, η le quartier
σύνταξη, η la retraite
ταβερνιάρης, ο le tavernier
τέντα, η le velum

τραβάω (-ώ) attirer
ύποπτος louche, suspect
φεγγάρι, το la lune
φοβίζω faire peur,
effrayer
φόδρα, η la doublure
χαζός bête, imbécile
ψαρεύω pêcher
ψύχραιμος calme,
impassible

αγγίζω berühren
ακολουθώ folgen
ανάποδα verkehrt herum
ανησυχώ sich Sorgen machen
ασύρματο, το schnurloses Telefon
αφαλός, ο der Nabel
βίδα, η die Schraube
βρακάκι, το der Slip
δένω binden, festmachen
διαλέγω wählen
δοχείο, το die Dose, die Kanne
ειδοποιώ benachrichtigen
έκπληξη, η die Überraschung
εσώρουχα, τα die Unterwäsche
ευχαριστιέμαι sich wohl fühlen, zufrieden sein
θυροτηλέφωνο, το die (Tür)Sprechanlage
καλλιτέχνης, ο/η der Künstler
κάνω εμπόριο Handel treiben, handeln
καφενεδάκι, το kleines Kaffee

κλειδαριά, η das Schloss
κόλπο, το der Gag
κούτα, η die Kiste
κρύβομαι sich verstecken
κρυφά heimlich
λουκέτο, το das Vorhängeschloss
μαζεύω auseinander fügen
μυρωδιά, η der Geruch
νυστάζω schläfrig sein
νυχτώνει es wird dunkel
ξεκλειδώνω aufschließen
παζάρι, το der Markt
παρακολουθώ jemanden, beschatten
παχουλός korpulent, vollschlank
περούκα, η die Perücke
πίνω ένα τσιγαράκι einen Joint rauchen
πιστόλι, το der Revolver, die Pistole
πληροφορίες, οι die Information, Auskunft
πράμα, το die Ware
ρεύμα, το der elektrische Strom
σκαλιά, τα die Treppen

σκάω von der Hitze nach Luft, schnappen

σκιά, η der Schatten

σκισμένος zerrissen

σπά(ζ)ω zerbrechen

σπυράκι, το der Pickel

στήνω zusammen fügen, errichten

στοιχεία, τα die Personalien, nähere Angaben

σύμπτωση, η der Zufall

συνοικία, η der Bezirk, die Gegend

σύνταξη, η die Rente

ταβερνιάρης, ο der Wirt

τέντα, η die Plane, die Markise

τραβάω (-ώ) anziehen, reizen

ύποπτος verdächtig

φεγγάρι, το der Mond

φοβίζω erschrecken

φόδρα, η der Futter(stoff)

χαζός blöd, dumm

ψαρεύω fischen, angeln

ψύχραιμος ruhig, gelassen

Στο αεροδρόμιο
σελ. 38

σελ.

Α.

1. Δε βρίσκει / Έχασε τη βαλίτσα της. 2. Με την Easy Air. 3. Κάνει ζέστη. 4. Μπορεί κάποιος να χάσει τη βαλίτσα του. 5. Καλοκαίρι.

Β.

1. γ   2. α   3. γ   4. δ   5. β

Στην ταβέρνα
σελ. 39

Α.

1. Λ   2. Σ   3. Λ   4. Λ   5. Σ

Β.

1. πρωί, βράδυ   2. πελάτες   3. κέντρο   4. πατέρα
5. μαγαζιά

Η Νίκη στο σπίτι της ξαδέρφης της
σελ. 39

Α.

είναι / Έχει / φτάνουν / περνάει / έχει / βλέπει

Β.

1. Μετά το ντους η Νίκη αισθάνεται καλύτερα.

2. Η ξαδέρφη της Νίκης της άφησε ένα σημείωμα.

3. Η βεράντα με τα λουλούδια είναι ένας σωστός παράδεισος.

4. Την Κυριακή στο Μοναστηράκι έχει παζάρι.

5. Από τη βεράντα η Νίκη δε βλέπει το σινεμά αλλά ένα πάρκινγκ.

Ο Νίκος στο σπίτι του σελ. 40

Α.

1. όμορφη   2. χοντρός   3. νόστιμη   4. κουραστική

Β.

1. ΔΞ   2. Λ   3. Λ   4. Σ   5. ΔΞ

Το ντι-βι-ντι σελ. 41

Α.

1. μιλάει   2. ερωτεύτηκε   3. άρεσε   4. ξέχασαν
5. μπορούσαν, μπουν

Β.

1. παντρεμένος, γκέι, τρίτος   2. κούκλοι   3. γυναίκα
4. φίλοι   5. κλειδαριά

Κυριακή στο Μοναστηράκι σελ. 41

Α.

1. γ   2. β   3. α   4. γ   5. β

Β.

1. καφέ   2. βόλτα   3. αφαλό   4. ιδέα   5. καιρό

Η βαλίτσα βρέθηκε σελ. 42

Α.

1. Από το αεροδρόμιο.   2. Για να της πούνε ότι η
βαλίτσα βρέθηκε.   3. Σήμερα μέχρι το μεσημέρι.
4. Ο αστυνόμος Κούτρας.   5. Να (της) κάνει κάποιες
ερωτήσεις (για τον Γιάννη Παπαδάτο).

Β.

1. β   2. α   3. γ   4. β   5. α

Ο Νίκος γνωρίζει τη Νίκη σελ. 43
Α.

1. Λ   2. Σ   3. Σ   4. Σ   5. Λ

Β.

1 / 3 / 6 / 4 / 7 / 2 / 5

Η Νίκη βλέπει κάποιον ύποπτο σελ. 44
Α.

φοβερός, φοβερή, φοβερό - σκοτεινός, σκοτεινή, σκοτεινό -
κόκκινος, κόκκινη, κόκκινο - μαύρος, μαύρη, μαύρο -
γωνιακός, γωνιακή, γωνιακό

Β.

1. Σ   2. Λ   3. Σ   4. Λ

Η Νίκη ακούει φασαρία σελ. 44
Α.

1. Γιατί άκουσε ομιλίες.   2. Οι άνθρωποι που ήρθαν να
στήσουν το σινεμά.   3. Ότι προσπαθούν να ανοίξουν για
να μπουν στο σπίτι.   4. Στήνουν το σινεμά.
5. Γιατί είδε το πάρκινγκ.

Β.

1. Λ   2. Λ   3. Σ   4. Λ   5. Σ

Ο Νίκος συναντάει τη Νίκη σελ. 45
Α.

1γ   2δ   3α   4ε   5β

Β.

1. άσχημα   2. πίσω   3. λιγότερα   4. νέος
5. γεμάτος   6. μεγάλα   7. εύκολο

Μετά το σινεμά σελ. 45

Α.

1. β   2. γ   3. α   4. γ   5. β

Β.

περιμένω / προσέχω / φέρνω / ψάχνω / παίρνω / φαίνομαι / βρίσκω

Ο Κούτρας ανοίγει την κούτα σελ. 46

Α.

1. παγωτό   2. δώρα   3. βόμβα   4. σημείωμα   5. ζει

Β.

1. Είναι υπαστυνόμος.
2. Γιατί ο σκύλος είναι ειδικός στο να βρίσκει ναρκωτικά.
3. Είναι από τον θείο Γιώργο.
4. Είναι ο πατέρας της ξαδέρφης της Νίκης.
5. Γιατί η Νίκη είχε αλλάξει κλειδαριά.

Στην ταβέρνα σελ. 47

Α.

1. άνοιξε   2. λέει/έλεγε   3. ήθελε / κοίταζε
4. νομίζει / ακολουθούσε

Β.

1. Έλα, τώρα, μην κοκκινίζεις.   2. Όταν εσύ ήθελες, η Μαρία δεν ήθελε.   3. Της Γεωργίας της άρεσα, και μου το έδειχνε.
4. Όταν η Γεωργία παντρεύτηκε, εγώ φόρεσα μαύρα.
5. Ο Μανόλης μιλούσε και ο Νίκος κοίταζε την πόρτα.

Στο σπίτι σελ. 47

Α.

1. Τον Νίκο.   2. Δύο τύποι   3. Γιατί θέλουν να μάθουν πού είναι 'το πράμα'.   4. Η θεία Πίτσα, ο Κούτρας και ο Νίκος.   5. Πολύ ψύχραιμη.

Β.

εσείς / πάθεις / πονάω / ποιο / τίποτα / έπρεπε / δικιά

Τέλος καλό, όλα καλά σελ. 48

Α.

1. α   2. α   3. β   4. γ

Β.

1. ηθοποιός   2. μυθιστόρημα   3. ντετέκτιβ
4. την εποχή εκείνη   5. κρυφά

Η Νίκη πάει... στη Νίκη σελ. 49

Α.

1. σιγά, αργά   2. οι νύχτες   3. την περασμένη ή την προηγούμενη   4. άσχημα   5. ψέματα

Β.

περνάω (-ώ) / βλέπω / έρχομαι / κοιτάω (-ώ) / φεύγω / λείπω / φιλάω (-ώ)

ΠΕΡΙΕΧΟΜΕΝΑ